魔法阿莉

文／孟瑛如、葉琬婷
圖／張芷育
英文翻譯／吳侑達

阿ㄚ莉ㄌㄧ是ㄕ個ㄍㄜ聰ㄘㄨㄥ明ㄇㄧㄥ伶ㄌㄧㄥ俐ㄌㄧ又ㄧㄡ有ㄧㄡ人ㄖㄣ緣ㄩㄢ的ㄉㄜ女ㄋㄩ孩ㄏㄞ。她ㄊㄚ樂ㄌㄜ於ㄩ和ㄏㄜ朋ㄆㄥ友ㄧㄡ們ㄇㄣ分ㄈㄣ享ㄒㄧㄤ，也ㄧㄝ經ㄐㄧㄥ常ㄔㄤ熱ㄖㄜ心ㄒㄧㄣ的ㄉㄜ幫ㄅㄤ助ㄓㄨ別ㄅㄧㄝ人ㄖㄣ，只ㄓ要ㄧㄠ你ㄋㄧ有ㄧㄡ需ㄒㄩ要ㄧㄠ，阿ㄚ莉ㄌㄧ一ㄧ定ㄉㄧㄥ想ㄒㄧㄤ辦ㄅㄢ法ㄈㄚ幫ㄅㄤ你ㄋㄧ解ㄐㄧㄝ決ㄐㄩㄝ問ㄨㄣ題ㄊㄧ！

小豬皮皮想要吃樹上的蘋果，
但是樹太高了，他摘不到。

好_{ㄏㄠ}心_{ㄒㄧㄣ}的_{ㄉㄜ}阿_ㄚ莉_{ㄌㄧ}馬_{ㄇㄚ}上_{ㄕㄤ}揮_{ㄏㄨㄟ}動_{ㄉㄨㄥ}她_{ㄊㄚ}的_{ㄉㄜ}魔_{ㄇㄛ}法_{ㄈㄚ}棒_{ㄅㄤ}，
幫_{ㄅㄤ}皮_{ㄆㄧ}皮_{ㄆㄧ}的_{ㄉㄜ}鞋_{ㄒㄧㄝ}子_ㄗ裝_{ㄓㄨㄤ}上_{ㄕㄤ}了_{ㄌㄜ}翅_ㄔ膀_{ㄅㄤ}，這_{ㄓㄜ}樣_{ㄧㄤ}皮_{ㄆㄧ}皮_{ㄆㄧ}
就_{ㄐㄧㄡ}可_{ㄎㄜ}以_ㄧ輕_{ㄑㄧㄥ}而_ㄦ易_ㄧ舉_{ㄐㄩ}的_{ㄉㄜ}摘_{ㄓㄞ}到_{ㄉㄠ}蘋_{ㄆㄧㄥ}果_{ㄍㄨㄛ}啦_{ㄌㄚ}！

　　小ㄒㄧㄠˇ螞ㄇㄚˇ蟻ㄧˇ奇ㄑㄧˊ奇ㄑㄧˊ搬ㄅㄢ不ㄅㄨˊ動ㄉㄨㄥˋ地ㄉㄧˋ上ㄕㄤˋ的ㄉㄜ˙麵ㄇㄧㄢˋ包ㄅㄠ屑ㄒㄧㄝˋ，路ㄌㄨˋ過ㄍㄨㄛˋ的ㄉㄜ˙阿ㄚ莉ㄌㄧˋ看ㄎㄢˋ到ㄉㄠˋ了ㄌㄜ˙，腦ㄋㄠˇ筋ㄐㄧㄣ一ㄧˋ轉ㄓㄨㄢˇ，馬ㄇㄚˇ上ㄕㄤˋ想ㄒㄧㄤˇ到ㄉㄠˋ一ㄧˊ個ㄍㄜˋ好ㄏㄠˇ辦ㄅㄢˋ法ㄈㄚˇ。

　　她ㄊㄚ變ㄅㄧㄢˋ出ㄔㄨ了ㄌㄜ˙一ㄧˋ台ㄊㄞˊ遙ㄧㄠˊ控ㄎㄨㄥˋ車ㄔㄜ，奇ㄑㄧˊ奇ㄑㄧˊ只ㄓˇ要ㄧㄠˋ用ㄩㄥˋ遙ㄧㄠˊ控ㄎㄨㄥˋ的ㄉㄜ˙方ㄈㄤ式ㄕˋ，就ㄐㄧㄡˋ可ㄎㄜˇ以ㄧˇ把ㄅㄚˇ遙ㄧㄠˊ控ㄎㄨㄥˋ車ㄔㄜ上ㄕㄤˋ的ㄉㄜ˙麵ㄇㄧㄢˋ包ㄅㄠ屑ㄒㄧㄝˋ輕ㄑㄧㄥ輕ㄑㄧㄥ鬆ㄙㄨㄥ鬆ㄙㄨㄥ的ㄉㄜ˙搬ㄅㄢ回ㄏㄨㄟˊ家ㄐㄧㄚ啦ㄌㄚ！

魔法學校即將舉辦一年一度的「校園魔法大賽」，同學們一致推舉熱心公益又聰明的阿莉參加比賽。

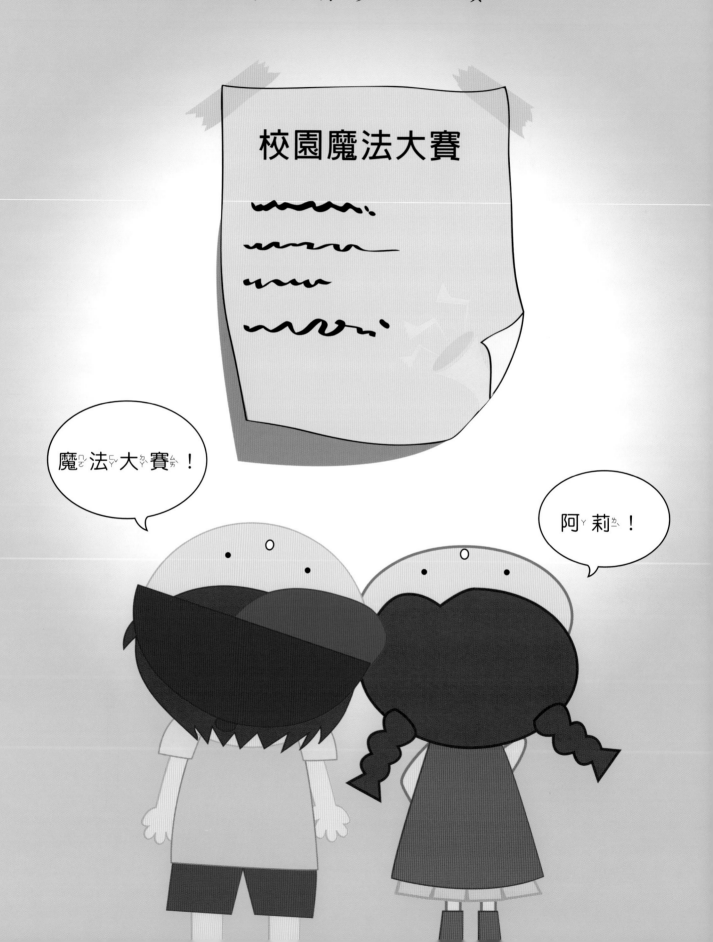

這一天終於來了！阿莉信心滿滿的去參加魔法大賽。貓頭鷹校長說明比賽的規則是用抽籤的方式決定題目。參賽者要變出題目所指定的物品，十分鐘內變出最多的人就是優勝者。

　　終於輪到阿莉了， 她深深的吸了一口氣後走上台， 手有點顫抖的抽出了第一張字條。

　　阿莉小心翼翼的打開了字條， 結結巴巴的小聲唸出上面的題目， 一副很苦惱的樣子， 接著手一揮， 變出了一根長長的白色羽毛。

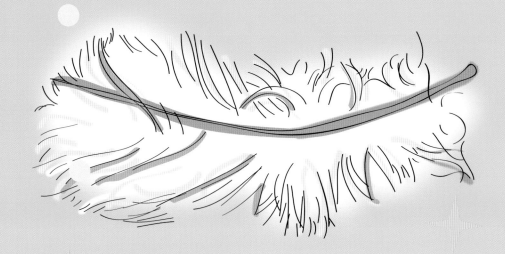

貓頭鷹校長搖搖頭，他對阿莉說：
「阿莉，題目上寫的是白手套，不是白羽毛，妳再抽下一題吧！」

白手套

阿莉難過的紅了眼眶， 她再一次深呼吸， 勇敢的抽出第二張字條。

她有點不敢看， 用很慢很慢的速度微微打開了字條的一小角， 用大家幾乎聽不到的聲音唸出題目， 然後變出了一台飄浮在空中的手推車。

貓頭鷹校長非常驚訝，他看著飄浮在半空中的手推車說：「我沒看過這樣的摩天輪啊？」

要抽第三個題目時， 阿莉已經緊張得開始咬著自己的指甲。 她看完題目後，硬著頭皮變出了一朵朵白色的木片花。

棉花糖？

台下的評審老師們都驚訝得說不出話來， 因為從來沒有人見過這樣的「棉花糖」啊！

十分鐘很快就過去了， 貓頭鷹校長宣布「時間到！」 阿莉很落寞的走下台， 同學們連忙圍過去安慰她。

大家都很驚訝，阿莉平常的表現這麼好，是不是因為壓力太大，所以才表現失常了呢？

原來，聰明又熱心助人的阿莉有一個祕密——她認識的字很少。雖然她能變出各式各樣的東西，幫大家解決疑難雜症，但是比賽的時候她根本看不懂字條上面的字，只能用猜的，當然就變不出正確的物品啦！

阿ㄚ莉ㄌㄧˋ看ㄎㄢˋ到ㄉㄠˋ題ㄊㄧˊ目ㄇㄨˋ的ㄉㄜ˙時ㄕˊ候ㄏㄡˋ，只ㄓˇ能ㄋㄥˊ想ㄒㄧㄤˇ盡ㄐㄧㄣˋ辦ㄅㄢˋ法ㄈㄚˇ找ㄓㄠˇ出ㄔㄨ她ㄊㄚ所ㄙㄨㄛˇ認ㄖㄣˋ識ㄕˋ的ㄉㄜ˙某ㄇㄡˇ個ㄍㄜˋ部ㄅㄨˋ分ㄈㄣ，所ㄙㄨㄛˇ以ㄧˇ……

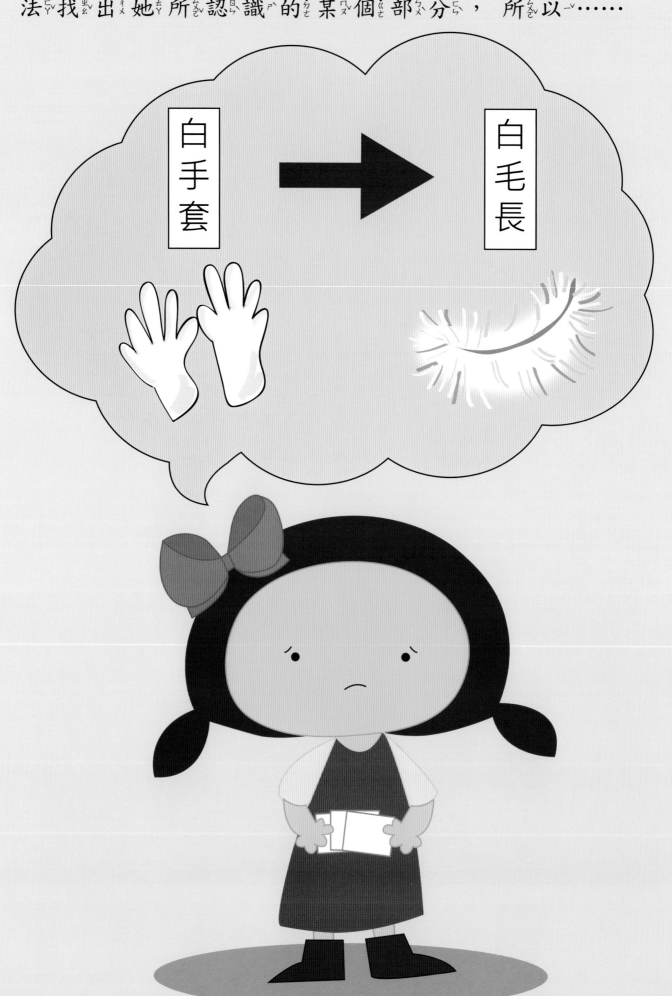

ㄅ ㄆ ㄇ ㄈ
ㄚ ㄛ

同_{ㄊㄨㄥ}學_{ㄒㄩㄝ}們_{ㄇㄣ}決_{ㄐㄩㄝ}定_{ㄉㄧㄥ}請_{ㄑㄧㄥ}見_{ㄐㄧㄢ}多_{ㄉㄨㄛ}識_ㄕ廣_{ㄍㄨㄤ}的_{ㄉㄜ}鸚_{ㄧㄥ}鵡_ㄨ老_{ㄌㄠ}師_ㄕ幫_{ㄅㄤ}阿_ㄚ莉_{ㄌㄧ}想_{ㄒㄧㄤ}想_{ㄒㄧㄤ}辦_{ㄅㄢ}法_{ㄈㄚ}。

小 + 大 → 尖

人 + 木 → 休

　　鸚鵡老師出了一些題目來測試阿莉能認得哪些字，結果發現阿莉目前只認識「大、小、人、木、白、水、口」等簡單的字，而且有些字的方向還常常弄顛倒，像是「人」和「入」、「部」和「陪」，難怪在比賽的時候會鬧笑話。

　　老師要同學們幫阿莉找出課本上有這些簡單字的組合，然後盡量用拼圖的方式教阿莉認識更多的字。

小朋友，請你也翻翻課本，找出一些組合字，來幫幫阿莉的忙吧！

　　喔，還有一個問題，阿莉總是會搞不清楚「毛」和「手」、「6」和「9」這種長得很像的字。請你也找出這些字，然後想想可以用什麼方法幫助阿莉正確分辨吧！

同學們照著鸚鵡老師的建議，每天下課都陪著阿莉一起認真練習，慢慢的，阿莉認識的字越來越多了。

一年過去......

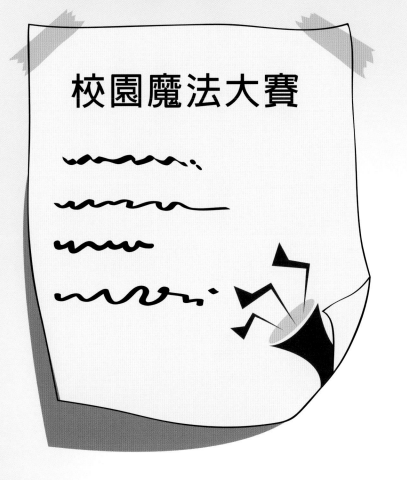

校園魔法大賽

過了一年，魔法學校一年一度的「校園魔法大賽」又開始了，同學們這次還是鼓勵阿莉參加比賽。

小朋友，請你猜猜看阿莉這次的表現如何呢？

比賽結束後，貓頭鷹校長拍拍阿莉的肩膀對她說：「阿莉，恭喜妳得到最佳進步獎！」同學們高興的圍在阿莉旁邊，為她鼓掌歡呼。

　　小朋友，看完這個故事之後，你有
什麼想法呢？

　　阿莉為什麼能夠得到最佳進步獎？

　　你猜阿莉會不會繼續參加
下一次的魔法大賽呢？

　　阿莉是一個真實存在的人物，她個子瘦小，留著一頭長髮，經常綁著一個長長的馬尾。阿莉的個性活潑，非常有禮貌，也樂於助人，各方面表現都和同學差不多，算數邏輯能力甚至優於一般同儕；但只要是和語文相關的能力，就落後同學一大截。阿莉的口語表達不太流利，經常在對話時出現錯誤的用語，對「後來、以後、好久、太久」這一類與時間相關的語詞總是搞不清楚，國小低年級課本上一般小朋友耳熟能詳的詞彙，她卻常常舉手問：「老師，這是什麼意思？」

　　小一上學期的時候，阿莉的導師就發現她的語文能力特別差，注音符號認不全、不會拼音、識字困難，但生活和數學在老師報讀下卻可以考九十幾分。導師常在想：「這麼一個聰明的孩子，為什麼就是不認識字呢？」貼心又可愛的阿莉經常對老師說：「老師，對不起，是我不認真！」讓人聽了心疼，可憐的孩子拚了命學習卻無法識字，只能把原因歸咎於自己不夠認真。導師將阿莉轉介到資源班後，鑑定出她是一位識字障礙學生，經過特殊教育的教學輔導，一學期後阿莉已經能夠識字、閱讀課本。雖然在識字閱讀的表現仍落後同學許多，但她已經能自信的唸出課文了。看著她臉上靦腆的笑容，相信在學習的路上會越走越順利。

　　阿莉的故事給了我們一個寫融合故事的契機。這個故事不僅想讓老師、家長、學生了解識字障礙，更希望能讓有識字困難的孩子認識自己、了解自己，而不再以為是因為自己不夠認真所以才學不好，也不會再出現打頭、罵自己笨這一類令人難過的行為。

　　《魔法阿莉》這本書的主角阿莉和同學一樣聰明活潑，因為一場比賽，將她一直以來掩飾的缺點赤裸裸的展現在大家面前。希望教師和家長能夠帶領孩子們用同理心來看待阿莉身上發生的事情，設身處地的想想阿莉的心情轉變與困難，並學著接納與協助這些有識字困難的孩子們！

　　以下所附的學習活動，除了利用各種聯想方式加深學生對於相似字的字形印象外，也透過遊戲互動的方式增進大家對識字困難學生的了解。期望藉由這些學習活動，能讓其他孩子更加接納與理解識字障礙學生的困難。

學習活動

活動一： 阿莉的第二次魔法大賽

活動說明

　　阿莉第一次參加「校園魔法大賽」的時候， 因為很多字認不出來， 鬧了一些笑話。 但是經過老師、同學們的鼓勵和協助， 她認識的字越來越多了， 在第二年參加的時候獲得了最佳進步獎。

　　小朋友， 請你發揮創意， 說說看阿莉第二次比賽的情形。 故事中要說明有哪些人參加這一次的比賽， 以及參賽的題目， 還要說說看阿莉看到題目後施展了什麼魔法喔！

參　賽　者： ＿＿＿＿＿＿＿＿＿＿＿＿＿＿＿＿＿＿＿＿＿＿

裁　　　判： ＿＿＿＿＿＿＿＿＿＿＿＿＿＿＿＿＿＿＿＿＿＿

比賽題目： ＿＿＿＿＿＿＿＿＿＿＿＿＿＿＿＿＿＿＿＿＿＿

活動二： 識字聯想

活動說明

1. 阿莉總是會搞不清楚「毛」 和「手」、「6」和「9」這種長得很像的字。

2. 請你拿出彩色筆， 把相似的兩個字中相同的部分塗上一樣的顏色。

3. 接著， 再用另外兩種不一樣的顏色， 將兩個字中不一樣的部分分別塗上不同的顏色。

4. 再幫阿莉想想想， 這兩個字要怎麼分辨呢？ 例如你可以幫這兩個字編個故事喔！ 舉例來說，「比」 和「北」 長得很像， 可以告訴阿莉：「比」 賽就是兩個人朝著同個方向跑；「北」 就像兩隻北極熊背靠背坐著。

5. 你還可以找出其他的相似字， 幫阿莉認識更多的字嗎？ 請說說看或畫畫看！

毛	手

「毛」 和「手」 不一樣的地方是：

「毛」 _____

「手」 _____

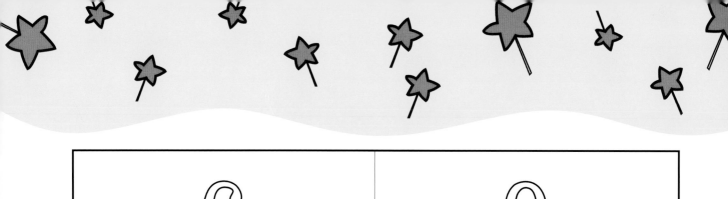

6	9

「6」 和「9」 不一樣的地方是：

「6」 _____

「9」 _____

「　　」 和「　　」 不一樣的地方是：

「　　」 _____

「　　」 _____

「　　」 和「　　」 不一樣的地方是：

「　　」 _____

「　　」 _____

活ㄏㄨㄛˊ動ㄉㄨㄥˋ三ㄙㄢ： 識ㄕˋ字ㄗˋ骰ㄕㄞˇ子ㄗ˙

活ㄏㄨㄛˊ動ㄉㄨㄥˋ說ㄕㄨㄛ明ㄇㄧㄥˊ

1. 將ㄐㄧㄤ圖ㄊㄨˊ1的ㄉㄜ˙展ㄓㄢˇ開ㄎㄞ圖ㄊㄨˊ剪ㄐㄧㄢˇ下ㄒㄧㄚˋ， 做ㄗㄨㄛˋ成ㄔㄥˊ一ㄧ個ㄍㄜˋ正ㄓㄥˋ方ㄈㄤ體ㄊㄧˇ的ㄉㄜ˙骰ㄕㄞˇ子ㄗ˙， 也ㄧㄝˇ可ㄎㄜˇ以ㄧˇ利ㄌㄧˋ用ㄩㄥˋ圖ㄊㄨˊ2做ㄗㄨㄛˋ出ㄔㄨ一ㄧ個ㄍㄜˋ自ㄗˋ己ㄐㄧˇ設ㄕㄜˋ計ㄐㄧˋ的ㄉㄜ˙骰ㄕㄞˇ子ㄗ˙喔ㄛ˙！

2. 以ㄧˇ二ㄦˋ到ㄉㄠˋ四ㄙˋ人ㄖㄣˊ為ㄨㄟˊ一ㄧ組ㄗㄨˇ， 輪ㄌㄨㄣˊ流ㄌㄧㄡˊ擲ㄓˊ同ㄊㄨㄥˊ一ㄧ個ㄍㄜˋ骰ㄕㄞˇ子ㄗ˙， 如ㄖㄨˊ擲ㄓˊ到ㄉㄠˋ「木ㄇㄨˋ」 就ㄐㄧㄡˋ要ㄧㄠˋ說ㄕㄨㄛ出ㄔㄨ一ㄧ個ㄍㄜˋ有ㄧㄡˇ「木ㄇㄨˋ」 部ㄅㄨˋ的ㄉㄜ˙字ㄗˋ， 例ㄌㄧˋ如ㄖㄨˊ：「林ㄌㄧㄣˊ」 。

3. 不ㄅㄨˋ可ㄎㄜˇ以ㄧˇ說ㄕㄨㄛ重ㄔㄨㄥˊ複ㄈㄨˋ的ㄉㄜ˙字ㄗˋ。 想ㄒㄧㄤˇ不ㄅㄨˋ出ㄔㄨ來ㄌㄞˊ的ㄉㄜ˙時ㄕˊ候ㄏㄡˋ可ㄎㄜˇ以ㄧˇ說ㄕㄨㄛ「保ㄅㄠˇ留ㄌㄧㄡˊ」 ， 然ㄖㄢˊ後ㄏㄡˋ在ㄗㄞˋ紙ㄓˇ上ㄕㄤˋ記ㄐㄧˋ錄ㄌㄨˋ下ㄒㄧㄚˋ來ㄌㄞˊ！

4. 最ㄗㄨㄟˋ後ㄏㄡˋ統ㄊㄨㄥˇ計ㄐㄧˋ「保ㄅㄠˇ留ㄌㄧㄡˊ」 次ㄘˋ數ㄕㄨˋ最ㄗㄨㄟˋ少ㄕㄠˇ的ㄉㄜ˙人ㄖㄣˊ為ㄨㄟˊ贏ㄧㄥˊ家ㄐㄧㄚ。

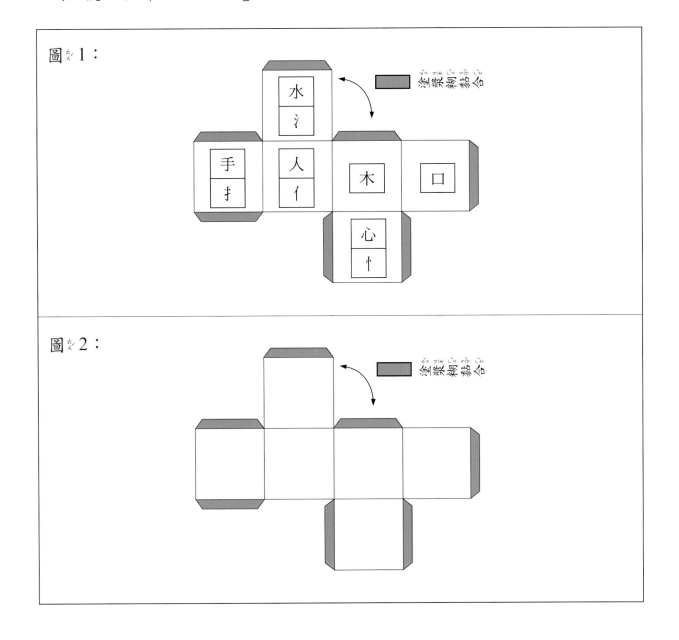

活動四： 識字迷宮

活動說明

1. 魔法學校變出了一個幻境迷宮， 等著小朋友們去挑戰！

2. 每一條叉路都會有兩面旋轉的魔鏡， 讓經過的人頭昏眼花。

3. 只有找到魔鏡上出現兩個有相同部分的字時， 才能快步通過喔！

   例如：在下面的迷宮中，「休」 可以走右（休／林）或下（休／他）兩個方向， 不可以走斜線。

4. 越快走出迷宮的小朋友越厲害喔， 快來挑戰看看吧！

☆起點

休 ➡ 林	呆	位	站	佔
他	牠	吃	汽	吐	大
池	海	哭	伏	夫	扶
忽	唸	忍	他	池	把
忘	後	很	眼	浪	爸
佳	往	住	佳	仙	岐
賣	從	註	說	誰	隻

☆終點

活動四：識字迷宮
【自由發揮版】

活動說明

1. 小朋友，請你自己設計兩個不同的識字迷宮。

2. 每一條路都要設計「有相同部分的字」喔！

☆
起
點

☆終點

☆
起
點

☆終點

活動五： 魔法阿莉大冒險

活動說明

1. 請將下一頁的人物紙牌與機會卡剪下。

2. 將人物紙牌依遊戲人數放在再下一頁的「冒險地圖」中的起點位置。

3. 將機會卡翻至背面， 放在「冒險地圖」中的指定位置。

4. 每位玩家輪流擲骰子決定走幾格， 最快到達終點的人為贏家。

5. 每位玩家在完成格子中的指定工作後， 可以再前進一格， 然後換下一位玩家繼續擲骰子； 如果不會回答， 則留在原地等待下一輪遊戲。

6. 若走到的格子上有寫「抽取機會卡」 時， 玩家就要抽取一張機會卡， 並依照機會卡上的指示， 得到前進或是後退的機會。

人物紙牌

阿莉	小螞蟻奇奇	小豬皮皮	貓頭鷹校長	鸚鵡老師

機會卡

舉辦魔法大賽，前進2格	教導阿莉識字，前進5格	幫助小豬皮皮，前進3格	幫助小螞蟻奇奇，前進2格	嘲笑阿莉，後退5格
協助打掃環境，前進3格	團結合作，前進4格	和同學吵架，後退4格	和阿莉一起想辦法解決問題，前進3格	安慰難過的同學，前進3格

冒險地圖

起點 出發去冒險嘍！	歡迎來到魔法學校	請說一個有「木」部的字	請用「ㄟ」這個注音造詞	請說一個有「ㄨ」這個注音的字	請說一個有「水」部的字（抽取機會卡）
					請用「ㄥ」這個注音造詞
請說一個有「艸」部的字	請說一個有「水」部的字	請用「ㄞ」這個注音造詞（抽取機會卡）	請說一個有「女」部的字		請說一個有「乙」這個注音的字
請用「ㄤ」這個注音造詞			請用「ㄆ」這個注音造詞		請說一個有「火」部的字
請說一個有「ㄅ」這個注音的字		機會卡	請說一個有「糸」部的字		請用「ㄉ」這個注音造詞
請說一個有「辶」部的字			請說一個有「ㄣ」這個注音的字		請說一個有「心」部的字
請說一個有「一」這個注音的字			請用「ㄆ」這個注音造詞		請說一個有「彳」這個注音的字
請用「ㄈ」這個注音造詞（抽取機會卡）		終點 恭喜你完成冒險！	請說一個有「ㄢ」這個注音的字		請用「ㄋ」這個注音造詞
請說一個有「宀」部的字					請說一個有「口」部的字（抽取機會卡）
請說一個有「手」部的字	請說一個有「ㄚ」這個注音的字	請說一個有「目」部的字（抽取機會卡）	請用「ㄨㄞ」這個注音造詞	請說一個有「人」部的字	請說一個有「ㄨ」這個注音的字

The Magical A Li

Written by Ying-Ru Meng & Wan-Ting Yeh
Illustrated by Jhih-Yu Chang
Translated by Arik Wu

A Li was very smart and popular. She loved to share and help people. If you needed help, she would be more than happy to help you.

For example, PiPi the Piggy wanted to have some apples, but they were up on the tree so high.

A Li immediately came over to help him. She waved her magic wand and equipped PiPi's shoes with wings, so that he could grab the apples easily.

ChiChi the Little Ant couldn't move the bread crumbs on the ground, and A Li saw it as she happened to pass by. She thought for a while and came up with an idea. She waved her magic wand and a remote control car appeared, so that ChiChi could move the bread crumbs around easily.

The Magic School was preparing to hold the annual Magic Competition recently. A Li's classmates decided to nominate her.

The big day finally came. A Li was full of confidence that she would win the competition.

Every contestant should draw lots to decide their assignment and make the object appear, Principal Owl explained, and the one who completes the most assignments within 10 minutes will be the winner.

Finally it was A Li's turn. She took a deep breath and went on stage, tremblingly pulled out her first lot.

She carefully unfolded the paper and stuttered the words. She looked puzzled and deeply troubled, and then she waved her magic wand and a long white feather conjured up.

Principal Owl shook his hand and said, "A Li, it should be a white *freezer*, not a white *feather*. Next assignment, please."

A Li looked so upset. She took another deep breath and pulled out the second lot.

She didn't dare to see it at first, but then she slowly unfolded it and read with a voice almost inaudible. A cart suddenly appeared in the air.

Principal Owl's jaw dropped. The *cart* came as a huge surprise to him. "I have never seen a *case* quite like this..."

When it was time for the third assignment, A Li couldn't help biting her nails out of nervousness. She pulled the lot out, and grudgingly made some mushrooms appear.

The *mushrooms* came as a huge surprise to the judges down there as well. They did not know what to say, because none of them had ever seen a *marshmallow* quite like these.

Time's up. A Li left the stage sadly, and her classmates came to console her.

All of them were surprised by A Li's performance, because she always seemed to be so capable. Could it be her nervousness that kept her from performing well?

It turned out that A Li, though smart and kind-hearted, had a secret she did not know many words. She was able to make things appear and to help those in need, but she could barely recognize the words on the lots during the competition. She could only take random guesses, and of course that would not work.

When she saw the assignments, she could only identify the parts that seemed familiar to her, so it was no wonder...

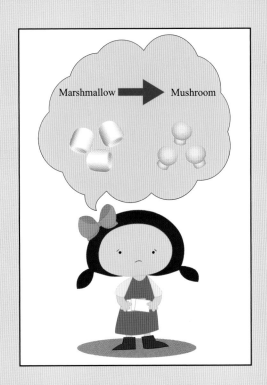

A Li's classmates decided to ask Teacher Parrot for help, she is very knowledgeable.

Teacher Parrot gave A Li some questions to see how many words she could recognize. However, A Li could only identify the simplest prefixes and suffixes, such as "-est", "-er", and "-ing". She even confused "-er" with "-est" sometimes, so it was no wonder she made a fool of herself during the competition.

Teacher Parrot asked A Li's classmates to help her find out more prefixes and suffixes in their textbook, and to help her recognize more words through context clues and word structures.

Can you help A Li find more English suffixes and prefixes?

Oh, there is another problem: A Li could not identify the similar letters such as "d/b", "p/q" and "w/m." Could you think of a way to help her?

Following Teacher Parrot's suggestions, A Li's classmates started to work with her on her reading problem every recess, and little by little she could recognize more and more words!

A year later...

Magic Competition

A year later, the annual Magic Competition was around the corner, and A Li's classmates encouraged her to give it another try.

So, do you know how was A Li's performance this time?

After the competition, Principal Owl patted A Li on the back and said, "A Li, congratulations! You've got the Most Improved Award!"

Her classmates surround her and started clapping and cheering for her. A Li could not be happier!

Think about the story and share with us your thoughts.

Why was A Li able to get the Most Improved Award?

Will A Li participate in the next Magic Competition?